AF496317

BIOGRAPHIE DES CONTEMPORAINS

# HENRY D'ESCAMPS

NOTICE

SUR

SA VIE ET SES OUVRAGES

PAR

H. PELLERIN

PARIS
IMPRIMERIE VICTOR GOUPY ET JOURDAN
71, RUE DE RENNES, 71

1889

BIOGRAPHIE DES CONTEMPORAINS

---

# HENRY D'ESCAMPS

## NOTICE
SUR
## SA VIE ET SES OUVRAGES

PAR

H. PELLERIN

PARIS
IMPRIMERIE VICTOR GOUPY ET JOURDAN
71, RUE DE RENNES, 71

—

1889

*Vita brevis, ars longa*

Henry d'Escamps, écrivain polygraphe français, Inspecteur honoraire des Beaux-Arts, lauréat de l'Institut, est né de parents français à la Pointe-à-Pitre (Guadeloupe).

Son père, Jean-Jacques d'Escamps, était de Pau, en Béarn ; sa mère, née à Lyon, était la fille de M. Abdon Macé de Challes, avocat au Présidial de Lyon, procureur du Roi, sous Louis XVI, à Saint-Domingue.

Venu de la Guadeloupe en France pour parfaire son éducation à Paris, Henry d'Escamps fit de brillantes et sérieuses études au Collège Charlemagne et se distingua au Concours général de la Sorbonne par plusieurs succès, dont un premier prix de grec.

Ses ouvrages, en sortant du collège, furent une traduction de *Macrobe*, publiée dans la Bibliothèque Latine de Panckouke, et une traduction du grec en français des *Œuvres complètes de Pindare*, expliquées par les monuments figurés, avec des notes prises au cours de M. Boissonade; cet important ouvrage est demeuré inédit jusqu'ici.

Publiciste à vingt-quatre ans, Henry d'Escamps fut un des rédacteurs-fondateurs du journal *Outremer*, le premier organe des intérêts coloniaux qui fut créé à Paris, pour y défendre les intérêts des colonies contre les envahissements du sucre de betterave. En 1845, il entra comme rédacteur au Ministère de la Marine, à la Direction des Colonies, puis au Dépôt des Cartes et Plans comme secrétaire de l'amiral de Hell.

Chargé de rédiger, pour le Conseil des ministres, un Mémoire sur *les droits de la France à Madagascar*, Henry d'Escamps fut amené ainsi à élucider cette question d'après les documents officiels. De là est né ce livre patriotique qui manquait à notre pays, l'*Histoire et Géographie de Madagascar*. Paru pour la première fois en 1846, l'ouvrage a été réédité par la maison Didot en 1884. Cette récente édition distribuée aux Chambres a déterminé, le 27 mars de cette même année, le vote, célèbre par son unanimité, par lequel la Chambre a proclamé les droits imprescriptibles de la France à Madagascar. Il n'est pas hors de propos de rappeler aussi que c'est à un document politique cité par M. d'Escamps, à la page 138, que l'habile ministre des affaires étrangères, M. de Freycinet, a emprunté, non sans à propos, les principales stipulations du Traité du 17 décembre 1885 avec les Hovas, y compris la prise de possession de Diego-Suarez.

Dès son apparition, l'*Histoire et Géographie de Madagascar* a réuni les suffrages de tous les hommes compétents. A la tribune de la Chambre des députés, dans la séance célèbre du 27 mars, dont nous venons de parler, le Président du Conseil, ministre des affaires étrangères, M. Jules Ferry, cita par deux fois avec éloge « le beau livre de M. d'Escamps sur Madagascar. » L'éminent député de la Réunion, ancien ministre, M. de Mahy, considère, a-t-il dit, l'*Histoire et Géographie de Madagascar* comme « un double chef-d'œuvre. » L'introduction, a-t-il répété souvent, l'introduction, qui est un admirable plaidoyer en faveur de la politique coloniale de la France, est un chef-d'œuvre ; le livre lui-même en est un autre. » M. de Mahy a fait plus : en envoyant à l'auteur son éloquent discours sur Madagascar, prononcé en juillet 1885, il écrivit, de sa main magistrale, sur l'exemplaire cette suscription : *A Henry d'Escamps, au savant historien et géographe de Madagascar, au vigoureux champion de la politique coloniale, très affectueux hommage.* » Enfin, le sympathique député de la Guadeloupe, M. Gerville-Réache, a exprimé la même opinion, avec la même compétence et dans des termes identiques. De tels suffrages consacrent un livre et lui assignent une importance désormais historique.

Présenté à Victor Hugo, à sa sortie de collège, c'est-à-dire à l'âge de dix-huit ans, Henry d'Escamps est devenu et est demeuré depuis l'un de ses amis les plus dévoués et les plus fidèles. Vivant, dès cette époque, dans l'intimité du grand écrivain, lui rendant tous les bons offices d'un secrétaire désintéressé, le jeune créole apprit à l'école d'un tel maître le maniement de la plume; il y apprit surtout l'amour de l'étude et du travail. C'est à lui que Victor Hugo a adressé la pièce de vers des *Voix intérieures* — 18 mai 1837 — qui commence ainsi :

> Jeune homme, ce méchant fait une lâche guerre;
> Ton indignation ne l'épouvante guère.
> Crois-moi donc, laisse en paix, JEUNE HOMME AU NOBLE CŒUR,
> Ce Zoïle à l'œil faux, ce malheureux moqueur, etc.

Quatorze ans après, le 3 décembre 1851, Henry d'Escamps avait le bonheur de donner asile à Victor Hugo, pendant les terribles événements de cette époque. Arrivé à

**Bruxelles, l'illustre proscrit écrivit à son hôte dévoué les lignes qu'on va lire et où se trouvent tant de choses en si peu de mots :**

A MON CHER HENRY D'ESCAMPS.

Bruxelles, ce 14 décembre 1851.

*Je suis ici. — Je vous envoie tout de suite le meilleur de mon cœur. Vous vous êtes montré ami sûr et vrai : je le savais ; je suis heureux de l'avoir éprouvé. Voyez dans ces lignes trop courtes tout ce que je voudrais vous dire : dans chaque mot, dans chaque syllabe, il y a un remerciement et une effusion.*

VICTOR HUGO.

**En 1848, le suffrage universel ayant donné des députés aux Colonies, et le nom d'Henry d'Escamps ayant été prononcé pour la députation de la Guadeloupe, Victor Hugo voulut apporter à son ami le concours de son nom et de sa gloire : il lui écrivit, avec autorisation de la publier, la lettre suivante qui s'adressait plus encore aux électeurs qu'à son jeune correspondant :**

Paris, 14 juin 1848.

A HENRY D'ESCAMPS,

*J'apprends avec une vive satisfaction, mon cher et excellent confrère et ami, votre candidature aux élections de la Guadeloupe. Moi, qui connais depuis longtemps votre esprit jeune et mûr pourtant, vif, sérieux, généreux et honnête ; moi, qui connais votre talent d'écrivain et qui pressens votre talent d'orateur,* JE VOUDRAIS ÊTRE, A MOI SEUL, TOUT UN COLLÈGE ÉLECTORAL POUR VOUS OUVRIR TOUTES GRANDES LES PORTES DE L'ASSEMBLÉE NATIONALE. *La Guadeloupe vous les ouvrira, je l'espère ; elle sait tout ce que vous avez déjà fait pour elle, elle devinera tout ce que vous pourrez faire encore. Personne ne connaît mieux que vous les questions coloniales; personne ne saura mieux concilier les idées libérales de la Métropole avec les besoins, les droits et les intérêts des Colonies. J'espère donc, bientôt, pouvoir vous serrer la main, comme à un collègue. Votre nomination sera un véritable succès pour les Colonies; j'aime à vous le prédire. Vous savez combien je suis cordialement à vous.*

VICTOR HUGO.

Cette lettre ne put parvenir à temps à la Guadeloupe. A cette époque, ni la vapeur, ni le télégraphe n'existaient pour les Colonies françaises.

Renonçant à la carrière administrative sédentaire, Henry d'Escamps, de 1855 à 1862, fut chargé de différentes missions politiques par le Ministère des affaires étrangères. Il visita successivement Turin, Rome, Naples, la Sicile, l'Espagne, la Grèce, Constantinople. Après le Congrès de Paris, le Département des affaires étrangères lui demanda d'écrire une brochure explicative sur l'*Abolition de la course maritime*, cette mesure d'humanité digne de la France du dix-neuvième siècle. A la suite de ces missions, Henry d'Escamps fut nommé Agent consulaire de France au Maroc; mais, il n'accepta pas ce poste lointain qui l'écartait pour trop longtemps peut-être de ses études historiques.

C'est au cours de ces voyages, en 1855, que, se trouvant à Rome, il écrivit son grand ouvrage d'archéologie sur le Musée Campana, la plus célèbre collection de l'Europe à cette époque, sous le titre : « DESCRIPTION DES MARBRES ANTIQUES DU MUSÉE CAMPANA A ROME, *avec* 108 *planches*. (*Henri Plon, Paris*, 1856). Ce volume in-folio, précédé d'une introduction sur l'art grec et l'art romain, eut la bonne fortune d'attirer l'attention du Gouvernement français sur la valeur artistique du Musée Campana. Grâce à cette circonstance et, aussi, aux efforts persévérants de l'auteur auprès des pouvoirs publics, le Musée Campana, acquis par la France au prix de deux millions votés par les Chambres, fait aujourd'hui partie des Musées du Louvre.

Sur les conseils de Victor Hugo, Henry d'Escamps avait réuni de nombreux documents relatifs à l'Histoire de l'art français et les avait complétés au cours de ses voyages. Son projet était d'écrire une Histoire générale et spéciale de notre art national, sous toutes les formes, *Architecture*, *Statuaire*, *Peinture*, *Gravure d'estampes*, *Gravure des médailles et des pierres fines*, *Arts décoratifs*. Son intention était de faire précéder l'histoire de chacune de ces branches d'une INTRODUCTION sur le même sujet, dans l'antiquité. C'était donc, en réalité, une sorte d'encyclopédie des Arts du dessin, l'un des plus vastes sujets que pût concevoir un historien.

C'est dans ces circonstances que parut, en 1857, le programme de l'Académie des Beaux-Arts pour le prix Bordin de cette année, programme dont le thème indiqué était une HISTOIRE DE LA SCULPTURE FRANÇAISE. Préparé par ses études à traiter un tel sujet, Henry d'Escamps concourut et remporta le prix. L'année suivante, en 1858, l'Académie des Beaux-Arts proposa, pour le même concours, l'HISTOIRE DE LA PEINTURE FRANÇAISE ET DES ARTS QUI S'Y RATTACHENT : *histoire des manuscrits à miniatures*, *de la peinture sur verre*, *de la peinture sur émail*. Henry d'Escamps ne recula pas devant l'étendue d'un tel travail : il concourut de nouveau et son manuscrit fut couronné.

En 1860, poursuivant la pensée de parcourir dans ses programmes le cercle entier de l'art français, l'Académie mit au concours l'Histoire de la Gravure d'Estampes en France. Le prix fut encore décerné à Henry d'Escamps. En 1862, quatrième concours, quatrième prix pour l'Histoire de la Gravure des Médailles et des Monnaies en France. L'illustre Secrétaire perpétuel de l'Académie, Ernest Beulé, écrivit au lauréat, en lui annonçant ce succès : « *Je n'ai, pour ma part, que des éloges à vous adresser.* »

C'est à cette date, janvier 1862, qu'Henry d'Escamps fut nommé Inspecteur des Beaux-Arts, fonction qu'il a exercée à Paris pendant plus de vingt ans et qu'il exerce encore à titre honoraire.

Toutes les fois que, par la suite, l'Académie des Beaux-Arts a mis au concours un sujet se rattachant à l'histoire de l'art français, Henry d'Escamps a cru de son devoir de concourir et il a vu, à peu près constamment, ses efforts récompensés. C'est ainsi qu'il a remporté, en 1865, le prix Valmy, dont le sujet était la Théorie générale de l'Architecture ; en 1866, une médaille du prix Bordin sur l'Enseignement de la Statuaire chez les anciens et chez les modernes ; en 1870, le prix Bordin pour son Parallèle entre l'Architecture grecque et l'Architecture romaine. En 1873, dans la même année, deux prix lui ont décernés en même temps, l'un pour son mémoire sur les Sculpteurs imagiers au moyen age, et l'autre sur les Moyens les plus efficaces pour relever l'art et encourager les artistes. En 1879, nouveau mémoire couronné, sur les Statuaires français de la Renaissance.

En 1885, et pour faire une utile diversion d'esprit à ses travaux sur les Beaux-Arts, cet infatigable travailleur voulut s'essayer sur une question d'économie sociale, étrangère jusque-là à ses études. L'Académie des Sciences morales et politiques avait proposé ce beau programme : *Des enfants moralement abandonnés en France et de l'éducation à donner à l'Enfance.* Cette question était faite pour passionner les cœurs élevés. Henry d'Escamps la traita avec cette chaleur pour le bien qui appartient à un disciple de Victor-Hugo, avec ce talent d'éloquence dont il a donné tant de preuves : il fut assez heureux, là comme ailleurs, pour obtenir de l'Académie des Sciences morales et politiques une honorable distinction.

Enfin, au cours même de la présente année 1888, l'Académie des Beaux-Arts a récompensé par une médaille son Mémoire sur l'ESTHÉTIQUE GÉNÉRALE DE L'ARCHITECTURE A TOUTES LES ÉPOQUES.

Cette série successive de couronnes académiques est, comme on l'a dit, un fait unique dans les Fastes de l'Institut de France.

Ainsi se trouve achevée, après trente années de la vie la plus laborieuse, l'HISTOIRE GÉNÉRALE ET SPÉCIALE DES ARTS DU DESSIN EN FRANCE, ouvrage formant six forts volumes en manuscrits, chacun des volumes consacré séparément à l'histoire de l'une des branches de l'Art français : — ARCHITECTURE, — STATUAIRE, — PEINTURE, — GRAVURE DES ESTAMPES, — GRAVURE DES MÉDAILLES, — ARTS DÉCORATIFS.

Quel est l'éditeur français qui aura l'honneur d'imprimer un tel ouvrage, monument national, complément nécessaire de toutes les Histoires de France? C'est ce qu'un très prochain avenir nous apprendra.

Telle est cette carrière déjà longue, des plus honorables et des mieux remplies, au cours de laquelle notre ami a eu cette satisfaction bien rare de voir ses deux principaux ouvrages concourir à des résultats patriotiques. A la suite de la publication de l'un de ses ouvrages, son pays a acquis, pour le Louvre à Paris, le musée le plus merveilleux de l'Italie; par la publication de l'autre, il a recouvré la plus considérable de ses colonies. Écrivain, il a plaidé par la plume deux grandes causes d'intérêt public, et il les a gagnées.

Nous devons ajouter, en terminant cette trop brève Notice, qu'écrivain, historien, géographe, archéologue, publiciste, diplomate, traitant tous les sujets avec le même succès, Henry d'Escamps a voué ses facultés, ses études, ses ouvrages, sa vie au culte permanent de ses deux patries : la France, qui lui a décerné tant de récompenses honorifiques, et la Colonie qui l'a vu naître et qui le compte au nombre de ses glorieux enfants.

*Paris, Janvier* 1889.

H. PELLERIN.

Henry d'Escamps est *Chevalier de la Légion d'Honneur*, *Chevalier de l'ordre de Saint Grégoire-le-Grand*, *Commandeur de l'ordre de Charles III d'Espagne.*

Ses ouvrages sont les suivants :

Traduction en français de l'ouvrage latin : *Les* Saturnales de Macrobe, dans la Bibliothèque latine de Panckouke, *un vol. in-8°*, 1837.

Histoire et Géographie de Madagascar, *un vol. in-8° avec carte. Pierre Bertrand*, 1846. *Didot*, 1884.

Le Congrès de Paris. Abolition de la berge maritime. (*Déclaration* du 16 avril), in-8°, 1856.

Description des Marbres antiques du Musée Campana a Rome, *in-folio*, avec 108 planches. *Henri Plon*, 1856.

Eloge de M. Dien, *graveur d'histoire*, *Paris*, *in-4°*, 1865. *Lainé et Didot.*

Eloge de Georges Rouget, *peintre d'histoire, élève de David. Paris, in-4°. Lainé et Didot.*

Eloge de Pierre Marquis, *peintre d'histoire, in-8°*, *Victor Goupy*, 1875.

Eloge de Viger-Duvignau, *peintre d'histoire, in-8°*, *Victor Goupy*, 1879.

*Discours prononcé sur la tombe du Docteur Despaulx Ader, créole de la Pointe-à-Pitre (Guadeloupe).* — Paris, *Victor Goupy, in-8°*, 1878.

Sarreguemines, *Faïencerie d'art. Notice historique.* Paris, *Victor Goupy*, 1878.

De l'Art décoratif dans l'Art français et de ses principes (*Discours prononcé à l'École des Beaux-Arts comme Président de la distribution des prix aux élèves de l'École de dessin de Paris*, 1869, *in*-4°, *Firmin Didot*.

Eloge funèbre de Louis Barbier, *ancien Conservateur de la Bibliothèque du Louvre, Victor Goupy*, 1888, *in*-8°.

*Divers travaux littéraires, politiques et diplomatiques épars dans les Revues et Journaux de Paris, de* 1855 à 1888, dont quelques-uns sont signés Macé de Challes, nom de la famille maternelle de l'auteur.

Paris – 14 juin 48

J'apprends avec une vive satisfaction, mon cher et excellent confrère et ami, votre candidature devant les électeurs de la Guadeloupe. Moi qui connais, depuis longtemps, votre esprit jeune, et mûr pourtant, vif, sérieux, généreux et honnête, moi qui connais votre talent d'écrivain, et qui pressens votre talent d'orateur, je voudrais être, à moi seul, tout un collège électoral pour vous ouvrir toutes grandes les portes de l'assemblée Nationale. La Guadeloupe vous les ouvrira, je l'espère; elle sait tout ce que vous avez déjà fait pour elle, elle devinera tout ce que vous pourrez faire encore; personne ne comprend mieux que vous les questions coloniales, personne ne saura mieux concilier les idées libérales de la métropole avec les besoins, les droits et les intérêts des colonies. J'espère donc pouvoir bientôt vous serrer la main comme à un collègue. Votre nomination sera un véritable succès pour les colonies. J'aime à vous la prédire. vous savez comme je suis cordialement à vous,

Victor Hugo

A mon cher Henri
d'Escamps.

Bruxelles — 14 7bre

je suis ici — je vous envoie tout de suite le meilleur de mon cœur. Vous vous êtes montré ami sûr et vrai. je le savais, je suis heureux de l'avoir éprouvé.

Voyez dans ces lignes trop courtes tout ce que je voudrais vous dire, dans chaque mot dans chaque syllabe, il y a un remerciement et une effusion.



Victor Hugo

www.ingramcontent.com/pod-product-compliance
Ingram Content Group UK Ltd.
Pitfield, Milton Keynes, MK11 3LW, UK
UKHW021205230726
13926UKWH00001B/314